수많은 별들이
안아 주던 밤

수많은 별들이 안아 주던 밤

초판 1쇄 발행 2023년 4월 14일

지은이 이수안
펴낸이 장길수
펴낸곳 지식과감성#
출판등록 제2012-000081호

교정 김지원
디자인 김찬휘
편집 김찬휘
검수 김서아, 이현
마케팅 정연우

주소 서울시 금천구 벚꽃로298 대륭포스트타워6차 1212호
전화 070-4651-3730~4
팩스 070-4325-7006
이메일 ksbookup@naver.com
홈페이지 www.knsbookup.com

ISBN 979-11-392-1023-1(03810)
값 9,000원

• 이 책의 판권은 지은이에게 있습니다.
• 이 책 내용의 전부 또는 일부를 재사용하려면 반드시 지은이의 서면 동의를 받아야 합니다.
• 잘못된 책은 구입하신 곳에서 바꾸어 드립니다.

지식과감성#
홈페이지 바로가기

수많은 별들이 안아 주던 밤

이수안 지음

나의 반짝이는 말 한 마디가
누군가에게 도움이 될 수 있다면

지식과감정

작가소개

저자 이수안은
연세대학교 체육교육학과를 진학하였다.
하루에 하나씩 머릿속을 스치던
글귀를 끄적이며 습관을 들여 책을 쓰기 시작했다.
글로 본인에게 위로와 용기를 주었고
진솔한 마음을 담고 싶어 집필을 하였다.

- 전 아티스틱 스위밍 국가대표
- 2015 카잔 세계 수영 선수권 대회 출전
- 연세대학교 체육교육학과
- 생활스포츠지도사 자격증 (수영) 1급
- 플라잉요가 지도자 자격증

이메일: lsa12171999@naver.com
인스타그램: @suan_1217

목차

- 프롤로그 — 8
- 글쓰기란 — 10
- 시작 — 12
- 2023년의 소망 — 14
- 초심(初心) — 16
- 나를 힘 나게 하는 요소들 — 18
- 버킷 리스트 — 20
- 땀은 절대로 거짓말을 하지 않는다 — 26
- 나의 장점 알아 가기 — 28
- 마음먹기 나름이다 — 30
- 자신감의 매력 — 32
- 제1의 행복 — 34
- 제2의 행복 — 38
- 사랑 — 40
- 상처 — 44
- 햇살☼ — 46
- 향수 — 48
- 편리함과 올바름의 경계 — 52
- 있는 그대로 — 54

쓴맛에 무뎌지다	56
예술의 상대성	60
호기심	62
수선화(水仙花)	64
카페	66
Soundtracks to "Dreamers"	68
값비싼 식사	70
시간이 약이다	72
말하는 대로	74
MBTI	76
서시	78
화는 비싼 사치이다	80
인간관계란?	82
나의 신념	84
나의 길 걷기	86
에필로그	88
도움을 준 명언들	90
10년 뒤 내가 나에게 쓰는 편지	92
〈별첨〉 메모장	96

프롤로그

한 해 한 해가 지날수록 문득 궁금해졌다. 왜 아무도 '멋진 어른이 되는 법'을 알려 주지 않는 걸까? 우리는 자주 넘어지고 후회하기도 한다. 사실 전부 잘 살고 싶어서 생겨나는 마음 아닌가? 나는 나 자신에게 힘들었던 만큼 성장했다고, 그리고 너무 걱정하지 말라고 스스로를 다독여 준다. '잘 살고 있나'라는 고민을 한다는 것 자체가 이미 준비가 되었다는 것이며 성장할 수밖에 없다는 것이다.

어릴 때는 남의 눈치를 참 많이 보고 자랐다. 물론 지금도 완전히 자유롭게 벗어나지는 못했지만 얼마 전까지만 해도 나는 모든 사람들의 말에 갈대처럼 흔들렸다. 타인의 시선에 너무 좌지우지했던 나는 인생을 어떻게 살아야 하는지에 대한 믿음도 없었다. 되고 싶은 이상향도 어떤 길을 걸어야 하는지도 뚜렷하지 않았기에 누가 이렇게 말하면 이게 맞는 것 같고, 또 다른 이가 이렇게 말하면 이게 맞는 것이라고 생각했다.

매 순간의 결정이 모여 나를 만든다는 것은 알고는 있었지만 얼마 전까지의 나는 체감하지 못했다. 하지만 이제라도 늦지 않았다. "내 삶을 더 의미 있게 만들어 주는 선택을 하고, 누구보다 나를 사랑하며 살 것이다."

 나는 언젠가부터 옳고 그름, 'yes or no'와 같은 이분법적 사고에 갇혀 살고 있는 것 같다. 그렇기에 나 자신의 선택이 틀렸을까 봐 조마조마하는 경우가 많다. 하루하루를 살아가며 하는 수많은 결정 속에 나는 옳은 선택만을 할 수는 없다는 것을 알아야 한다. 나에게는 틀릴 권리도 있으며, 틀려도 나 자신을 사랑하는 자세를 잃지 말아야 한다.

 설령 내가 틀린 선택을 하더라도 마음의 나침반은 행복을 가리켜 줄 것이다. 마음의 나침반이 행복을 찾아 준다면 우리는 좀 더 쉽게 행복을 찾을 수 있을 것이다.

글쓰기란

나에게 있어서 글쓰기란, 마음속 이야기를 표현하고 공감할 수 있는 가장 좋은 수단인 것 같다. 사람들은 다이어리를 쓰면서 마음속 이야기를 꺼내기도 하고 편지를 주고받으며 마음을 나누기도 한다. 제2의 내가 읽어 줬으면 하는 것처럼 나는 글을 쓴다.

글쓰기는 내 머릿속 아이디어를 현실로 데려와 줄 가능성을 높여 준다. 생각으로만 하던 일들을 더 구체화시켜 나의 것으로 만들어 주는 것이 바로 글쓰기라고 생각한다. 레시피 노트를 적으면 내가 쓰는 식재료와 조리법을 더 잘 파악할 수 있고 식단을 적다 보면 식습관의 문제점을 파악할 수 있다.

글은 '음성이나 영상' 등과는 다르게 마음에 울림을 줄 수 있는 방법으로 기록을 할 수 있다고도 생각이 든다. 또한 초등학교 때 배우는 말하기 듣기 쓰기 과목을 생각해 보면 '쓰기' 과목을 가장 늦게 학습한다. 말하기 듣기는 직관적으로 학습이 가능한데, 쓰기는 오랜 연습으로 배워야 하고 가장 기본적인 듯하면서도 어려운 부분이기 때문이다.

내가 글을 쓰는 목적은 대단한 명작을 남기기 위함이 아니라, 더 멋진 내일을 만들기 위해 기록을 하는 것이다.

시작

 무언가를 시작할 때, 그 모든 것은 마음먹기에 달렸다. 끝내는 것은 쉬운 경우가 많지만, 대부분의 경우 시작하는 것이 어렵지 않은가. 사람들은 흔히 '시작이 반이다'라고들 한다. 시작하는 것이 가장 어렵다. 원하는 것이 있다면, 짧은 인생 앞에서 망설이지 말자.
 신중한 태도로 삶을 대하는 자세도 좋지만 가끔은 무모하게 저지르는 자세도 필요하다.
 기회는 다시 돌아오지 않기 때문에 망설이다 놓치게 되는 것만큼 아까운 것이 없다.

 마야 안젤루는 이렇게 말했다.
 "나랑 너랑 같이 해 보는 거야. 자 이제 해 보자!"

2023년의 소망

올해 바라는 것이라면 조금이라도 더 편한 마음을 가지는 것. 너무 나 자신을 옥죄지 않는 것이다.

내 성격은 목표가 있으면 앞만 보고 직진. 여유란 찾아 볼 수 없고 빨리 끝내기에 급급해 잠도 설칠 정도로 성격이 급하고 승부욕이 넘친다.

좋은 뜻으로는 어떻게든 해내려는 사람이고, 다른 한편으로는 건강도 상황도 따지지 않고 그 무엇보다 내가 설정한 목표를 우선순위로 정한다는 것이다.

이러한 나의 성격이 좋은 면도 있지만 어떻게 생각해 보면 나 자신에게 이기적이라는 생각이 든다.

그래서 강박적인 나의 성격을 조금만 내려놓고 편안한 마음을 가지고 '완벽하지 않으면 어때?'라는 마음을 가지며 살아 보려 한다.

삶의 속도를 줄여야 보이는 것들이 있다고 하더라.
인생에서 중요한 것은 속도가 아니라 '방향'인 것을 잊지 말자.

속도를 조금만 줄이고 "enjoy my life!"를 크게 외치자.

초심(初心)

  초심은 '처음에 먹은 마음'을 의미한다. 사람들은 대개 1월, 새해 초에 올해에는 모든 것을 다 할 수 있을 것 같은 마음으로 결의를 다지고는 한다. 어떤 이는 다이어트, 금연과 같은 목표를 세우기도 하고 또 어떤 이는 독서와 같은 목표를 세우기도 한다.

  우리는 시작 단계에서 의욕을 불태우고 아주 크게 본인의 각오와 다짐을 말한다. 그런데 이 초심을 지킨 경우가 얼마나 되는지 한번 생각해 보자. 시간이 갈수록 나의 마음은 가벼워지고 내가 가졌던 의욕도 상실한다. 우리가 처음에 가졌던 묵직한 무게의 '초심', 그것을 지키기 위해서는 무엇을 해야 할까?

  우선 목표를 세울 때부터 생각해 보자. 꿈을 크게 가지는 것은 좋지만 내가 지킬 수 있는 현실적인 범위 내에서의 목표를 세우는 것이 중요할 것이다. 무엇이든 과하면 안 된다. 야망과 욕심은 다르다. 원하는 것이 있더라도 한 단계씩 차례대로 목표를 향해 나아가 보자.

초심을 잃었다는 것은 그 목표, 일에 대한 의미를 상실했다는 것이다. 처음 마음먹었을 때 그 설레고 두근거리는 마음으로 돌아가서 내가 그 목표를 왜 세웠는지 다시 상기시켜 보자.
 또한 익숙함이 만들어 낸 '합리화'도 경계해야 한다. 목표를 이루고 싶다면, 익숙함에 속아 그 무게를 까먹지 말아야 한다.

나를 힘 나게 하는 요소들

 우리들 대부분의 삶은 보통 쳇바퀴가 굴러가듯 반복되는 삶을 살아간다. 아침에 학교 또는 직장으로 길을 나서고 오후에 집에 가서 잠시 쉬고 잠을 자고 일어나면 다시 다음날 일상이 시작된다. 이러한 반복되는 일상에서 삶의 원동력을 찾기란 사실 쉽지 않다. 나를 살아가게 하는 것이란 삶에서의 소소한 행복들, 예를 들면 취미 활동을 즐길 때나 친구들과 수다를 떨 때, 가족들과 맛있는 것을 먹을 때 나는 행복을 느끼고 이런 것들이 내가 힘을 내는 방법이다.

 물론 상을 받는다거나, 큰 행운이 나를 반긴다면 살아가는 데 더 힘이 나겠지만 거창하지 않더라도 날씨가 좋은 날 꽃에 앉은 나비를 보며 사진을 찍는 소소한 행복, 뜻하지 않은 음식점이 맛집이라는 것을 알았을 때의 만족감이 나를 즐겁게 해 주고 행복하게 해 줄 수 있을 것이다.

 오늘도 내일도 나는 소소한 행복을 내 삶의 원동력으로 삼으며 다시 페달을 밟을 것이다.

버킷 리스트

버킷 리스트, '소망 목록'이라고도 불리기도 하는데, 이것은 죽기 전에 해 보고 싶은 것을 정리한 목록이다. 사람들은 대부분 버킷 리스트로 세계 일주, 프리다이빙 아니면 스카이다이빙 등 기억에 남을 행동들을 버킷 리스트로 삼는다.

나는 나의 버킷 리스트를 두 가지로 구별하였다. 우선 첫 번째는 이미 이룬 버킷 리스트를 의미하는 "What I've done"이고, 두 번째로는 앞으로 이룰 버킷 리스트를 의미하는 "What to do"이다.

나는 수중발레 '아티스틱 스위밍' 국가대표 타이틀까지 얻었었다. 나는 초등학교 2학년 때부터 고등학교 2학년 때까지 약 10년간 선수 생활을 했었다. 항상 최선을 다해, 즐기면서 훈련에 임했다. 그랬기에 선수로서 닿을 수 있는 정상인 '국가대표'라는 위치에 닿을 수 있었다고 생각한다.

물론 인생에서 학력이 전부는 아니지만, 대학 진학은 중고등학교 시절 내가 얼마나 열심히 지내 왔는지를 보여 주는 지표인 것 같다. 나는 우리나라에서 손에 꼽을 수 있는 대학 중 하나인 '연세대학교' 학생이다. 나는 정말 열심히, 치열하게 살아왔다. 점심시간까지 아껴 가며 공부를 하였고, 학교가 끝나면 바로 훈련을 하러 수영장으로 갔다가 저녁 8시쯤에 집에 도착하면 그때부터 공부를 시작하였다. 지금 와서 다시 생각해 보면 나는 정말 독한 아이였다.

  대학에 입학한 후에도 공부를 꾸준히 열심히 하였다. 학점을 잘 받고 싶은 욕심을 부렸는데 얼떨결에 만점이 나왔다. 그런데 감사하게도 '전액 장학금'이라는 놀라운 결과물을 얻어 너무 감사하고 신기했다.

  2020년에 친구와 단둘이 해외여행을 다녀왔다. 독립적으로 해외여행을 간 것이 처음이기도 했고, 베트남의 무이네, 무려 사막을 다녀왔다! 사막이라는 곳은 생각보다 모래도 부드럽고 일몰도 너무 아름답게 보여서 잊지 못할 경험이다.

  버킷 리스트는 내가 지금까지 살아온 삶을 의미하기도 하고, 또 반대로 앞으로 살아갈 방향을 의미하기도 한다. '나는 어떠한 사람이 되고 싶은가?', '나의 꿈은 무엇인가?' 버킷 리스트가 있으면 더 명확하게 생각해 볼 수 있지 않을까?

땀은 절대로 거짓말을 하지 않는다

나는 운동하는 것을 매우 좋아한다.

운동을 할 때 가장 나답다고 느끼고 스트레스도 풀리는 것 같다. 그리고 운동은 나의 자존감을 높여 주는 존재이고 삶에 활력을 준다.

요즘 내가 하는 운동은 F45라는 운동이다. F45는 호주에서 시작한 운동인데, 고강도 인터벌트레이닝 형식의 운동을 45분 내외로 여러 사람들과 함께하는 방식이다. 1주일 무료 체험이 가능하여 처음 운동을 가는 길에는 '45분이 무슨 운동이 되겠어?' 속으로 생각하며 갔다. 그런데 웬걸… 그 짧은 시간 안에 땀을 비 오듯이 쏟는 운동을 경험하여 정신이 확 맑아지는 느낌이 들었다!

45분 동안 신나는 음악과 화면에 표시되는 타이머를 보며 운동을 하고 있으면 어느 순간 운동은 끝나 있다. 이 시간만큼 생각이 비워지고 온전히 나에게만 집중할 수 있는 시간이 또 있을까?

여기에 오는 사람들은 모두 운동에 진심이다. 운동을 출근하기 전에 하고 가기 때문에 새벽 6시 반 수업이 가장 인기이다. 나는 직장

인은 아니지만, 열정적으로 사는 주변 사람들에게 동기 부여를 받기 위해 예전보다 조금 하루를 일찍 시작하기로 했다.

'건강한 신체에 건강한 정신이 깃든다.'라는 속담이 있다. 운동은 우리에게 긍정적인 효능감과 맑은 정신, 그 외에도 많은 긍정적인 영향을 준다. 자존감이 높아지려면 운동을 해야 하는 것도 맞는 말이지만, 본인을 사랑하고 아낄 줄 알아야 운동을 하는 것 아닐까? 나 자신을 위해서 운동은 꾸준히 하자!

나의 장점 알아 가기

 살면서 '나'에 대해 생각해 볼 시간이 그다지 많지 않다고 생각한다. 그 와중에 나 자신에 대한 장점은 더더욱 적지 않을까 싶다. 그래서 내가 생각해 보는 나의 장점들은 무엇일까에 대한 시간을 가져 보고 싶었다.

 나의 장점은 다음과 같다.
 우선 바로 실행으로 옮기는 실행력, 끈기 그리고 인내이다. 나는 자기 자신을 믿고 할 수 있다는 의지를 가지며 새로운 일에 도전한다. 그 일에 대한 나의 재능을 모르기 때문에 꾸준히 해 본다. 원하는 결과를 얻기 위해 위기와 어려움을 이겨 내는 힘을 기르려고도 노력한다. 무엇보다도 새로운 도전에서 실패하더라도, 하나의 경험이었을 뿐, 본인의 탓이 아님을 인지한다!

 다음으로 '행동할 용기'를 잃지 않으려 한다.
 머뭇거리지 않고 기회를 놓치지 않도록 결정을 내리는 습관 또한 연관 지어 이야기할 수 있다. 무슨 일이 나에게 주어지면 미루지 않는다. 간단한 숙제라도 빨리하고 쉬는 것이 나의 스타일이다.

나는 그 무엇보다도 시간 관리를 잘해서 계획적으로 산다고 할 수 있다!
목표를 잘 이루도록 긍정적인 습관을 기른다.

세상을 더욱 진취적으로 살아가려면 본인, '나'라는 사람에 대해 더 명확하게 파악하는 것도 좋은 방법인 것 같다.

마음먹기 나름이다

요즘 '브런치'라는 온라인 작품 플랫폼을 읽는 것에 취미가 생겼다. 매일 신문같이 보는 작품들 중에, 오늘 유독 눈에 들어오는 하나의 작품이 있었다. 제목은 「행복한 인생을 원한다면, 소확행을 쟁취하세요.」

이 작품에서는
연인과 밥 한 끼만 먹어도 행복을 느끼고,
친구와 밤 산책을 하며 편의점 맥주에 행복을 느끼며,
우연히 들린 편의점에서 "좋은 하루 되세요!"라는 말만 들어도 행복해지는 사람들은 작은 것에서 행복을 발견하는 능력이 있다고 설명한다. 이들도 분명 힘든 일이 있을 것이다. 하지만 단순히 작은 행복일지라도, 가볍게 여기지 않고 소중히 생각하는 능력을 가지고 있기에 항상 행복함을 느끼는 것이다.

어쩌면 행복은 별거 아닐 수도 있다. 추운 겨울 따뜻한 붕어빵을 먹을 때 "아, 행복해!"라고 외칠 수 있고 그 사소한 행복들로 본인을 아껴 주고 더 사랑해 줄 수 있기를 이 작품을 읽으면서 느꼈다. 다시 한번 내가 얼마나 행복한 삶을 살고 있는지 알게 해 준 너무 인상적인 작품이었다.

일상에서 느끼는 소소한 행복에 감사하며 어쩌면 소탈하고 겸손하게 살아야 하는지도 모르겠다.

에이브러햄 링컨은 이렇게 말했다.

"Most people are about as happy as they make up their minds to be."
"대부분의 사람들은 마음먹은 만큼 행복하다."

자신감의 매력

사는 것은 누구에게나 녹록하지 않다. 그래서 어떻게 살아야 하는 걸까?

우리는 끈기를 가져야 하며 그 무엇보다 일 순위로 자기 자신을 믿어야 한다. 용기를 잃지 말고 자신감을 무기로 삼아 세상을 대해 보자.

자신감을 갖는 것은 명품을 들고 다니는 것과도 같다.
자신감과 용기를 가진 사람을 무찌를 자는 아무도 없다.

만일 스스로에 대한 자신감을 잃으면 온 세상은 당신의 적이 될 것이며,
반대로 자신감으로 채운다면 운명은 당신을 따를 것이다.

제1의 행복

'행복'과 '불행'

이 두 단어는 완전히 반대의 의미를 지녔지만, 굉장히 밀접한 관계를 지니고 있다.

나의 행복은 세 가지에서 온다.
사람과의 관계, 건강, 돈.

사람이 주는 행복이 가장 크다.
사랑하는 사람이 옆에 있기만 해도 절로 웃음이 나고 행복하다. 사랑하는 이와 먹는 밥이 맛있는 것은 단순히 밥이 맛있어서가 아니다. 그 시간이 소중하기 때문이다. 가족과 친구, 일상에서 누릴 수 있는 행복은 사람이 주는 행복이 많다.

건강이 주는 행복이 제일 소중하다.
세상을 마음껏 뛰어놀 수 있는 즐거움. 그것은 바로 건강이 주는 행복이다.

그런데 건강이 옆에 있을 때는 당연하게만 느껴지고 그것이 행복의 원인인 줄 모른다.

대부분 건강을 잃은 후에야 소중함을 알게 된다.

돈에서 오는 행복도 존재한다.

갖고 싶은 물건을 사고, 맛있는 것을 먹고, 여행도 가려면 돈이 필요하다. 하지만 돈은 행복을 연결 지어 주는 다리 같은 수단이지, 행복 그 자체가 되어서는 안 된다.

반대로 불행도 세 가지에서 온다.

건강, 사람, 돈.

건강으로 인한 불행이 가장 즉각적으로 다가온다.

건강에 관한 사유가 있는 사람들은 더욱 알겠지만, 건강으로 인한 고통이 가장 크다. 몸과 건강이 따라 주어야 세상이 아름답고 행복하게 보인다.

건강을 잃어 아픈 것은 아무리 겪어도 익숙해지지 않는다.

사람으로 인한 고통과 불행은 그다음으로 아프다.

나는 사람으로 인한 고통이 몇 차례 있었다. 처음에는 며칠간 내 머릿속에 아무 생각이 안 들고 내 몸의 일부가 없어져도 좋을 만큼 힘들었다. 그래도 사람으로 인한 고통은 경험할수록 무뎌지고 시간이 도와준다.

돈으로 인한 불행함이 그나마 가볍다.

돈은 우리에게 행복을 주기도 하지만, 돈은 때로는 사람을 변하게 만들고 이기적으로 만들기도 한다. 돈이 있어야 우월감을 주고 없으면 죄책감과 좌절감을 주는 요소이다.

내가 생각하는 행복과 불행은 같은 방향으로 흘러가고 있었다.

인생은 행복한 일과 불행한 일의 연속이다.

행복에 너무 집착하지도, 매달리지도 말자.

불행을 막아 내려 애쓰지도 말자.

제2의 행복

세상에는 돈으로 살 수 없는 것들이 있다. 사랑과 우정, 그리고 이 외에도 수만 가지의 감정들이 있지만 그중에서도 우리가 가장 얻고 싶은 것으로 바로 행복.

삶은 계속해서 선택의 연속이다. 행복도 피해 갈 수는 없다. '행복하다'라고 마음먹는 순간에 행복은 찾아온다. 행복의 결정권은 나에게 있다. 다른 사람에게 행복의 결정권을 넘겨주지 말자. 내 행복의 결정권은 나에게 있다.

잠시 멈춰 서서 생각해 보자. 진정 나를 위해 살고 있는지를.
우리 모두는 행복할 자격이 있다. 특별히 웃을 일이 없더라도 한 번 얼굴에 미소를 지어 보자. 얼굴에 자주 미소를 띠면 웃을 일이 생기고 행복을 느끼기도 한다.
때로는 즐거워서 웃기도 하지만, 웃어서 즐거워지는 경우도 있다.
행복의 크기와 순서는 내가 선택하는 것이다.

사랑

사랑(love): 무언가를 아끼고 정성과 힘을 다해 쏟는 마음이라고 정의된다. 사랑이라는 것은 배우지 않아도 자연스럽게 습득되는 감정이다.

부모님의 사랑인 '모성애, 부성애'가 가장 큰 사랑으로 여겨진다. 대부분의 부모님들은 무조건적인 사랑으로 자식들을 키우고 자식들은 부모님을 효도하며 사랑을 베푼다. 가족들 사이에 사랑뿐만 아니라 연애, 우애와 같은 사람들 사이에 사랑도 존재한다. 흔히 우리가 떠올리는 '사랑'이라는 이미지는 사람들 사이에서 일어나는 감정이기도 하지만 인류애, 무생물체에 대한 사랑마저도 같은 감정이라고 할 수 있다.

서양의 학자인 '에리히 프롬'은 사랑에 대해 영양분과 같이 계속 충족되지 못하면 결핍이 일어나 장애가 발생할 수 있다고 주장하였다. 많은 범죄자들이 어렸을 때 사랑을 받지 못하고 자란 것을 근거로 사랑이 부족하면 정신적으로 건강하지 못한 사람이 된다고 하였다.

내가 생각하는 사랑은 사람이 느끼는 감정 중에 가장 복잡하고 정의하기 힘든 감정이라고 생각한다. '애증'이라는 단어가 있는 것과 같이 한 사람이나 개체에게 사랑과 증오가 존재한다는 것이 참으로 신기한 일 아닌가? 아이러니하게도 사랑이라는 감정에서 미움이 파생되기도 하고 감정이 지나쳐서 사랑에 대한 딜레마가 생기는 것이 아닐까 싶다.

사랑한다는 것과 좋아한다는 것, love와 like는 과연 같을까?
나는 예전에 이런 이야기를 들은 적이 있다.

꽃이 너무 이뻐서 선물을 하고 싶은 마음에 꽃을 꺾은 아이가 있었다. 선물을 받은 엄마는 아이에게 물으셨다.
"너는 꽃을 좋아하니?"
아이는 당연히 좋아하니깐 꺾어 가고 싶다는 생각에 고개를 끄덕였다. 엄마는 다시 물으셨다.
"너는 꽃을 사랑하니?"
아이는 이번에도 쉽게 고개를 끄덕였다. 그런데 아이는 의아한 듯이 되물었다.
"엄마 그런데 사랑하는 것과 좋아하는 것의 차이가 뭐야?"
"꽃을 사랑하는 사람은 절대로 꽃을 꺾지 않는단다. 꽃을 꺾으면 그 아름다움이 시들고 꽃의 아름다움을 좋아하는 그 마음도 시들지."

나는 이 이야기를 듣고 좋아하는 것과 사랑하는 것의 차이를 확실하게 구별할 수 있게 되었다.

나는 사랑을 많이 받고 자랐다. 그렇기에 받는 사랑보다 주는 사랑을 더 많이 하고 싶다. 받는 사랑을 하는 것도 행복하지만 주는 사랑은 더 행복하니깐. ♥

상처

나는 어릴 적부터 덜렁거리는 성격에 여기저기 잘 부딪히고 넘어져서 상처가 많이 났다. 상처가 생겨 집에 들어갈 때마다 엄마의 한숨도 늘어 갔다. 그럴수록 나는 어설프게 밴드로 상처를 가리려는 꼼수를 써 보았지만 답답하다는 이유로 밴드를 떼거나 성격이 급한 나는 딱지가 채 아물기도 전에 긁어 지워지지 않는 흉터를 만들었다.

몸에 난 상처를 올바르게 치료하려면 다친 곳은 깨끗이 소독을 한 뒤에 필요한 약을 발라 거즈나 밴드로 살포시 덧대어 주어야 한다. 그리고 조급해하지 말고, 건드리지도 말고 시간이 지나 알아서 아물게 한다. 만약에 혼자서 치료하기 힘든 상처가 생겼다면 약을 먹거나 의사에게 상처를 보여 주어 치료를 받는 것도 좋다.

아픈 부위를 어설프게 덮어 두지 말고 제대로 치료받는 것이 핵심이다.
몸의 상처뿐만 아니라 마음에 상처가 생겼을 경우에도 동일한 방법으로 치료해야 한다.

마음 한편에 생긴 상처가 가렵다고 해서 섣불리 긁거나 답답하다고 해서 밴드를 급하게 떼어 내려고 하면 상처는 덧나고 흉터로 남는다. 우리는 시간에 맡겨야 한다.

 "마음에 상처가 나도 새살은 돋아날 것이다. 분명 상처는 아물고 새살은 돋아날 것이다."
 이렇게 차분히 믿으며 살아가야 한다.
 또한, 혼자서 치료하기 힘든 마음의 상처가 있다면 그 마음의 상처를 수면 위로 드러내는 것도 좋다. 본인의 아물지 않은 상처를 무시하지 말고 주변인들에게 도움을 청해 보자.

 상처를 숨기려 아무리 밴드를 붙인다고 하더라도, 큰 상처는 가려지지 않고 흉터는 남기 마련이다.
 아물지 않은 채 흉터가 남은 상처는 완전히 치료되었다고 할 수 없지 않은가. 새살이 돋아날 때까지 차분히 약을 바르고 치료를 받으면 그 부위는 더 이상 환부가 아니다.

햇살 ☀

햇살의 정의는 '해에서 나오는 빛의 줄기 또는 그 기운'이다.

해는 긍정적인 의미를 많이 담고 있어서 그런지 해와 관련된 사자성어들 '정출지일', '천광지귀'의 뜻을 해석해 보면 빛이 난다든지 솟아오르는 느낌을 주는 성어들이 많다.

나는 햇볕이 따사로운 날을 굉장히 좋아한다.

별일이 없어도 괜히 나가서 걷고 싶기도 하고 공원에 앉아서 생각도 하면 기분이 조금 나아진다. 따뜻한 햇볕이 쬐는 아침이면 청소도 더 하고 싶은 느낌까지 든다.

해, 태양의 존재는 참 위대하다.

추위를 잊은 채 사람들은 일출을 보러 이른 새벽부터 산행을 가기도 하고 명소를 찾아 멀리멀리 여행을 가기도 한다.

해가 뜨고 태양이 떠오르면 무엇이든 할 수 있을 것 같은 느낌이 들듯이 내 마음속에는 항상 해가 떠 있기를 바란다.

향수

"남자는 술로, 여자는 향수로 말한다"라는 속담이 있다. 이런 속담이 존재할 정도로 향수는 타인과의 차별성을 높이고 자신의 개성을 나타내는 도구로 사용되고 있다. 요즘은 향수도 '패션'이다. 현대 사회에서 사람들은 독특한 인상을 남기고 싶어서, 또는 남들과 다르게 보이고 싶어서 향수에 관심을 가진다. 향수는 본인의 기분, 패션, 날씨를 표현해 주는 수단이 될 수도 있고 누군가에게는 그날 뿌렸던 향수의 향이 나의 첫인상이 될 수도 있다. 향은 인간의 오감을 자극하고, 차별화된 향은 사람들에게 인상을 남긴다.

타인에게 보여지는 것을 위해 향을 사용할 수도 있지만, 자신을 위해 향을 사용할 수도 있다. 향수를 뿌렸을 때, 가장 잘 맡을 수 있는 것은 본인 자신이기 때문에 '나'를 위해 쓰이기도 한다. 나도 역시 향수를 좋아한다. 내가 향수를 좋아하는 이유는 향으로 빠르게 기분 전환이 되기 때문이다. 향 하나로 기분이랑 분위기가 바뀐다. 피곤하거나 우울할 때, 내가 좋아하는 향 하나로도 힐링이 된다.

나에게 향수의 어머니는 딥티크 향수들이다. 재작년 생일 선물로 받은 5개의 향수가 포장된 세트인데, 이때부터 향수에 빠져들기 시작했다. 가장 처음 뿌려 본 향수는 '롬브르 단 로'. 첫 향부터 완전히 내 마음에 쏙 들었다. 딥티크 향수는 중성적이라는 이미지가 강해서 별로 선호하지 않았는데 시크하고 성숙한 향은 나를 '센스 있는 도시 사람'이 된 듯한 느낌으로 만들어 주었다. 그 뒤로 5개를 번갈아 가면서 조금 여성스러워 보이고 싶은 날에는 장미 향이 나는 '플레르 드 뾰', 조금 점잖아 보이고 싶은 날에는 '도손'을 뿌렸다. 이때부터 쭉 향수에 빠져 향수를 종류별로 사고 그것도 모자라 조향 클래스, 인센스 클래스까지 들었다.

우리에게 과거 기억과 감정을 생각나게 해 주는 향이 있을 것이다. '향'이라는 것은 그 무엇보다 나의 감정을 떠올리는 데 효과적이다. 어떻게 후각에 의해 감정을 떠올리고 기억할 수 있을까? 시각, 청각의 경우 복잡한 경로로 뇌를 거쳐 구체적인 기억을 저장하지만 반면에 후각은 시각, 청각에 비해 훨씬 단순한 경로를 거친다고 한다. 그 기억 저장 회로는 세세한 기억보다는 전체적인 틀의 감정과 기억을 담당하고 있어 이러한 현상이 나타난다고 한다. 그래서 향은 아주 중요한 역할을 담당한다. 아무리 좋은 옷을 입고 차를 타고 다녀도 좋지 않은 향을 풍기고 다닌다면 상대에게 좋은 인상을 남기지 않을 것이다. 이미지 관리가 필요하고, 대인관계가 중요할수록 향에 대한 관리는 중요하다고 생각한다.

나에게 향수를 포함한 '향'이란, 기분전환의 수단이자 나만의 'identity'이다. 향에는 무의식적으로 기억에 감정을 각인시키고 불러일으키는 특별한 효과가 있다. 가장 민감한 감각이자 타인과 나에 대한 감정을 불러일으켜 주는 그것. 당신에게 가장 기억에 남는 향기는 무엇인가?

편리함과 올바름의 경계

Korean과 English의 합성어인 "콩글리시(Konglish)".
이 콩글리시는 잘못된 영어인 브로큰잉글리시(Broken English)인 경우도 많다. 우리나라 사람들이라면 한 번도 못 들어 보고 안 써 본 사람은 없을 것이다. 콩글리시는 왜 생겨났을까? 가장 대표적으로 알려진 이유는 영어를 조금 더 쉽게 배우기 위해, 그리고 발음의 '경제성과 편리성' 때문이라고 알려져 있다.

콩글리시의 예시를 한번 살펴보자. 블랙박스(black box)는 영어로 dashboard camera이다. 핸드폰(hand phone)은 cellular phone, 아이쇼핑(eye shopping)은 window shopping, 컨닝(cunning)은 cheating, 아르바이트(arbeit)는 part-time job 그리고 파이팅(fighting)은 cheer up. 이외에도 우리 주변에서 쓰이는 콩글리시는 정말 많다.

과연 이것이 문제라고 할 수 있을까? 우리나라 사람들 사이에서 의사소통을 위해 '한국식 영어'로 사용한다면 문제가 되지 않을 것이다. 하지만 영어가 세계화로 만국 공통어로 사용되고 외국인과 교류가 더 많아지는 이 세상에서 공식적인 언어를 사용하는 것이 더 올바르다고 생각한다.

 콩글리시가 우리나라 사람들 사이에서 더 대중화되어 올바른 영어를 사용하지 않을 경우, 영어권 사람들과의 대화가 잘 통하지 않을 수도 있고 대화가 산으로 갈지도 모른다. 아무리 우리나라 사람들 사이에서 편리하다고 해도 앞으로는 '콩글리시'가 아닌 올바르고 정확한 영어를 사용해 보면 어떨까?

있는 그대로

예전에는 비 오는 날이 싫었다. 날씨에 굉장히 민감했다. 비가 오는 날이면 아침에 우산을 챙겨야 했고, 비 때문에 갑자기 약속이 변경되는 경우도 있었다. 어깨도 축 처져서 슬픈 음악을 듣는 경우가 허다했다. 비는 일반적으로 긍정적인 분위기를 불러오지는 않는다. 심지어 소설이나 영화에서는 분위기를 가라앉히거나 비극적인 사건의 복선이 되기도 한다.

그럼에도 비는 우리 삶에 필수 불가결한 존재이다. 비가 와야 꽃이 피고 곡식들이 자란다. 그래서 나는 비가 오는 날을 특별하게 여겨 주기로 했다. 비가 오는 날에 할 수 있는 일들, 예를 들면 내가 좋아하는 에픽하이의 「우산」을 듣는다거나 창가에서 빗소리를 들으며 좋아하는 책을 읽는다거나 비 오는 날이 단지 우울하지만은 않다고 스스로에게 계속 주입시켜 주는 행동을 함으로써 비 오는 날을 기분 좋게 하기도 했다.

비가 온 뒤에 갠 하늘은 더더욱 맑고 이쁘다. 비는 이 세상 생명체들을 자라게 해 주는 고마운 존재이다. 우리가 자연을 상대로 싸울 수는 없지 않은가. 이제는 비도, 자연도 있는 그대로 받아들여 주기로 했다.

"Just the way you are."

쓴맛에 무뎌지다

처음 커피를 접했을 때의 기억이 아직도 남아 있다. 선명하게 기억이 나지는 않지만, 그때의 커피 맛은 무척이나 썼다. 어른스러워 보이고 싶어서 부모님을 따라 커피를 마셨을 때, 입안에 퍼지는 그 쓴맛의 커피 향을 견뎌 냈던 것은 분명하다.

그랬던 내가 이제는 아침마다 커피를 한 잔씩 마신다. 없으면 괜히 더 피곤한 것 같은 느낌이 들기도 한다. 예전의 그 쓴맛은 더 이상 느껴지지 않는다. 돌이켜 보니 참 신기한 일이다. 커피의 쓴맛은 전혀 바뀌지 않았는데, 내 입맛이 바뀐 것일까.

물론 그것도 맞는 말이긴 하다. 하지만 그것보다도 더 큰 점, 내가 쓴맛에 무뎌지고 적응되어서 그런 것이 아닐까 싶다. 힘든 일이라도 하다 보면 적응할 수 있고, 좌절과 아픔과 같은 '쓴'이 있어도 적응은 할 수 있다. 쓴맛이 있어도 언젠가는 무뎌지기 나름이고, 인생에서의 아픔과 실패, 낙담도 언젠가는 좋은 경험으로 바뀔 수 있을 것이다. 지금 내가 느끼는 커피의 달콤한 맛처럼.

요즘 중, 고등학생들 심지어는 초등학생들마저도 카페에서 수다를 떨거나 공부를 하는 모습을 쉽게 찾아볼 수 있다. 학교가 끝나고 여럿이서 아메리카노와 케이크를 시키고 시간을 보내고 가는 모습을 흔히 찾아볼 수 있다. 교복을 입지 않았더라면 다른 어른들과 구분이 되지 않을 정도로 자연스럽게 섞여 있는 모습이다. 아이들은 그렇게 카페에서 추억들을 점차 쌓아 가나 보다.

  내가 카페라는 공간을 처음 접할 때는 그곳은 어른들에게만 허용되는 공간인 줄 알았는데, 지금 아이들에게는 아닌가 보다. 세대가 변화하고 문화가 바뀌어 가면서 그렇게 추억도 바뀌어 가나 보다. 그런 생각이 문득 든다.

예술의 상대성

　예술이라는 것은 어떤 사람에게는 한 작품이 예술적이라고 느껴질 수도 있고, 어떤 이에게는 아닐 수도 있다. 그렇기에 너무나도 주관적인 영역이며 그것을 평가하는 가이드라인 또한 명확하지 않다. 시간에 따라 그 값어치가 달라질 수도 있다고 생각한다. 예전에 봤을 때는 예술성이 낮아 보였던 것이 나중에 다시 보면 예술성이 높아 보이는 경우도 있다.

　요즘 사람들은 예술 작품을 보는 눈을 길러야 한다며 전시회를 많이 보러 다니고 작품에 투자하기도 한다. 그에 반해 나는 작품을 보는 것을 별로 즐기지 않으며 예술 작품을 보는 안목이 높지도 않다. 지금 또래 친구들은 유명한 미술작품을 보러 다니면서 사기도 한다. 그런데 가끔 내가 느끼기에는 유명 작품들이 급부상하는 이유 중 하나는 일종의 '쏠림 현상'이 아닐까 싶다. 사람들이 작품(보통은 그림)을 멋있다고 하니깐 그런 것 같고, 사니깐 따라 사는 그런 생각이 든다.

사람마다 보는 눈이 다르기에 아무리 좋은 작품일지라도 나에게는 별로 좋아 보이지 않을 수도 있지 않은가.

 안목이 바로 '미를 보는 눈'이다. 안목이 높다는 것은 미적 가치를 판단하는 눈이 뛰어나다는 것을 의미한다. 안목에 높낮이가 있다는 것은 그만큼 미적 세계, 즉 예술 세계가 복잡하기 때문이다.

 예술을 판단하는 것에 대해 사람들은 대부분 좋은 작품을 위대하게 느끼고 싶어 한다. 좋은 작품을 보는 눈이 있어야 교양이 있는 사람이라고 생각한다. 하지만 작품을 보는 나의 태도는 대중들이 아닌 나의 감정이고, 내게 좋은 작품이 좋은 작품이다. 모두들 좋다고 해서 내가 따라 좋아할 이유는 없다.

호기심

호기심: 새로운 것에 관심을 가지고 알고 싶어 하는 마음.

나는 호기심 덕분에 인류가 발전하고 지금의 세상이 있다고 생각한다. 과학자들이 "저 두 물체를 섞으면 어떻게 될까?" 같은 질문을 하듯이 "왜?", "어떻게?"와 같은 궁금증이 있었기에 우리가 이토록 편리하게 살 수 있는 것이 아닌가.

호기심에 관하여, 나는 무언가를 새로이 접하면 관심, 호기심이 생긴다. 좋은 사람을 만나면 그 사람에 대해 더 알아보고 싶고, 좋은 책 제목이 있으면 그 책을 읽어 보고 싶은 것도 같은 마음이다. 호기심은 나에게 일상의 재미를 더해 주기도 한다.

일상이 지루하고 활력이 없던 시기에 나의 '호기심'으로 시작해 본 F45라는 운동은 나의 삶에 활력을 더해 주었다. 처음 도전해 볼 때는 나의 궁금증으로 시작을 하게 되었지만, 현재는 나의 일상의 전부이자 항상 함께하는 존재이다. 호기심이라는 고마운 친구 덕분에 돈으로도 사지 못하는 행복을 얻었다. 그때 나의 호기심이 따라 주지 않았더라면, 지금 내 현재가 어떻게 달랐을까 싶기도 하다.

　호기심은 '판도라의 상자'이다. 무언가에 호기심을 가지고 도전할 때에는 용기가 필요하다. 그 용기와 관심을 가진다면 일상의 재미가 가속될 수 있을 것이다. 여러 분야가 꼭 아니더라도, 새로운 것에 대한 관심과 호기심은 '새로운 나'를 발견하게 만든다.

수선화(水仙花)

수선화는 눈이 오는 추위를 뚫고 피어났다
추위를 뚫고 피어난 꽃은 유독 이쁘다

수선화는 악착같이 추위를 견뎌 내며
감동의 꽃잎을 전한다

나는 수선화가 고맙다

혹독한 바람이라는 시련에도 굴하지 않고
어여쁜 선녀같이 피어나
나를 위로해 주는 수선화가 고맙다

카페

우리나라 커피 문화에서 빼놓을 수 없는 하나의 브랜드가 있다. 그것은 바로 '스타벅스'이다. 오늘은 어느 카페에 갈까 잠시 고민을 하다가도 유독 결정이 어려운 날에는 역시나 스타벅스로 발길이 닿게 된다. 가깝든지 멀든지 간에 오래 앉아 있어도 눈치가 보이지 않고 또 여러 이유로 스타벅스는 꽤나 좋은 해결책이다. 점심시간 회사 주변에 스타벅스들은 직장인들로 붐비지만, 누구 하나 눈치 주지 않아 나는 신경 쓰지 않아도 된다.

스타벅스가 우리나라에서 이토록 인기 있는 이유가 무엇일까?

스타벅스 소비자들에게 '편의성'과 '개방성'이라는 키워드를 붙여주고 싶다. 특정 상품 기프티콘이지만 다른 상품을 구매할 수 있도록 소비자들의 편리함을 증대시켰다. 수많은 사람들이 스타벅스 기프티콘으로 선물을 택하는 이유는 대중적으로 많이 찾는 곳이라서, 그리고 기프티콘의 종류도 다양해서라고 생각한다. '개방성'의 측면에서 바라본다면, 노트북을 오래 사용할 각오로 방문해도 누구에게

나 허용된 공간이다.

스타벅스의 커피는 '맛의 일관성'을 유지한다. 스타벅스 커피는 세계 어느 곳을 방문하더라도 쓴맛, 탄 맛이 강하며 이 맛으로 인해 스타벅스를 찾는 사람들도 있다.

스타벅스 다이어리나 굿즈는 엄청난 인기를 자랑한다. 매해 출시될 때쯤에는 일명 '오픈런'이 발생하기도 하며 일부러 이벤트에 해당하는 음료를 마시는 경우를 흔히 찾아볼 수 있다. 스타벅스의 상품들은 엄청나게 비싸다는 생각이 들지는 않지만, 최소한 지나가는 사람이 스타벅스 텀블러를 들고 가는 것을 보았을 때 속으로 '오~ 스타벅스'라며 생각을 해 본 적이 있을 것이다. 현재 우리나라에서 스타벅스라는 브랜드가 가지는 가치, 그 로고가 가지는 인식과 사람들의 시선을 무시할 수는 없으니깐.

Soundtracks to "Dreamers"

In today's society, music plays a critical role in the entire world from daily enjoyment to business purposes. Music helps set the mood and is even able to help create new memories in life. There are unlimited possibilities music is used for to attract to each and every person.

Music plays an important role in movie soundtracks too. As we know, soundtracks of movies and dramas have a huge energy. But they are full of vitality and more powerful than we think.

I love watching musical, but I tend to watch 'musical movies' more. The genre 'movie' sends us the diversity image not only of the actors but also the background. And the main point is that we could watch musical movies whenever we want to.

Among the musical movies, I like the movie "The Greatest Showman". The part when the music ⟨This is me⟩ comes out, It fascinated me and made me full with confidence. "The Greatest Showman" elevates inclusion and the idea that every dream is possible through powerful beats and dance. I could say that the remarkable effects and costumes during the performances. was "the icing on the cake" The effects looked extremely realistic and the animals were unbelievable to be recognized as animation. Each performer had authentic and exaggerated costumes for the time period, which fit the circus theme perfectly.

"The Greatest Showman" promotes hope in dreamers and a sense of inclusion, givivg a message that is desperately needed in today's society thanks to the help from the "soundtrack".

값비싼 식사

한 끼에 10만 원이 훌쩍 넘더라도, 특별한 날이나 분위기를 내고 싶은 날이면 좋은 레스토랑에서 와인 한 잔 마시는 것이 나의 최고의 힐링이자 소비처이다. 단순한 식사 한 끼이기는 하지만, 비쌀수록 더 예약도 더 치열한 법. 더 가 보고 싶게 만든다.

그날을 더 기다리게 만들고 그 식사를 더 특별하게 만들어 준다. 이건 나뿐만 아니라 요즘 우리나라 대다수의 소비 트렌드가 변한 것이기도 하다.

음식만큼 즉각적인 만족감을 줄 수 있는 것이 또 있을까 싶다. 더 나아가 특별한 곳에서 먹는 음식이 주는 행복감을 오래오래 즐기고 싶다.

시간이 약이다

별거 아닌 것에 힘들었던 한때가 있었다. 삶이 미로처럼 엮여 있고, 비탈길에 있는 것 같은 느낌에 하루 종일 머릿속이 복잡했던 시기. 누군가에게 터놓았으면 조금 후련했으려나…? 그러나 나는 오히려 가족들에게 불편함을 줄까 봐 나의 속마음을 숨기고 지냈다.

힘들지 않은 척하고 엉켜 있는 생각들을 마음속 좁은 상자에 구겨 넣어 봐도 결국에는 그 상자는 터지게 된다. 나약함을 드러내고 걷는 것은 나쁜 것이 아니다.

"시간이 지나면 다 지나가더라, 진짜 별거 아니더라."

말하는 대로

"나 스무 살 적에 하루를 견디고
불안한 잠자리에 누울 때면
내일 뭐 하지 내일 뭐 하지 걱정을 했지"
(처진 달팽이, 2011)

노래 「말하는 대로」의 시작이다. 이것은 마치 얼마 전 나를 그려 주는 것 같다.

수많은 걱정과 불안으로 지냈던 나의 심정… 명확하게 하고 싶은 것을 찾지 못하고 떠돌아다니는 것 같아 '나는 무슨 길을 걷고 있는 걸까? 꼭 열심히 살아야 하는 걸까?' 이런 생각을 하며 잠자리에 누웠던 때.

한편으로는 「말하는 대로」를 들을 때면 위안이 되기도 한다. 국민 MC라고 불리는 유재석마저도 나와 같은 시기를 겪었었다니. 모두들 거쳐 가는 과도기인가 보다.

그리고 읊조리는 구간에서는 이러한 가사가 나온다.

"마음먹은 대로 생각한 대로
말하는 대로 될 수 있단 걸
알지 못했지 그땐 몰랐지
이젠 올 수도 없고 갈 수도 없는
힘들었던 나의 시절 나의 20대"

성공하려면 긍정적인 마음을 먹고 행동으로 실천해 봐야 하는구나… 내가 행동하지 않으면 변화하는 건 없으니까…!

MBTI

나의 MBTI는 ISTJ이다.

ISTJ는 간략하게 요약하면,
Introvert 내향적이며
Sensing 감각적이고
Thinking 사실 판단을 선호하며
Judging 계획적인 성격인 특징을 띈다.

ISTJ들은 흔히 '청렴결백한 논리주의자, 현실주의자'라고도 불린다. ISTJ들은 대부분 얌전하고 진지하며 집중력이 높다. 그리고 꼼꼼하고 체계적이며 짜임새 있게 계획하며 활동하는 편이다. 일에 있어서는 성실하며 책임감이 강하다. 또한 일반적으로 통용되는 방식에 따라 계획적으로 일하는 것을 선호하며, 실질적으로 현실적인 분야에 관심을 갖는다.

요즘 사람들은 MBTI에 많은 관심을 가지고 수많은 연구들이 펼쳐지고 있지만, 나는 MBTI를 그다지 신뢰하지 않는다. 사람을 어떻게 16개의 성격으로 분류를 할 수 있겠는가? 인간은 적응의 동물이라고 환경에 따라, 속해 있는 무리에 따라서 때로는 내향적일 수도 외향적일 수도 있고 혹은 계획적으로 행동하기도 하고 반대로 계획에 없던 일을 수행하기도 한다.

살아가면서 누구나 성격과 가치관이 변화하기 나름이다.
나의 개인적인 견해로는 사람에 따라 예외가 존재할 수 있기 때문에 MBTI로 사람의 첫인상을 파악하거나 판단 내리는 것보다는, 직접적인 대화나 행동 분석을 통해 성격을 바라보는 것이 더 좋을 것 같다.

서시

"죽는 날까지 하늘을 우러러
한 점 부끄럼이 없기를,
잎새에 이는 바람에도
나는 괴로워했다.
별을 노래하는 마음으로
모든 죽어 가는 것을 사랑해야지
그리고 나한테 주어진 길을
걸어가야겠다.

오늘 밤에도 별이 바람에 스치운다."

  윤동주 시인의 『하늘과 바람과 별과 시』에 수록되어 있는 「서시」라는 시이다.

  윤동주 시인은 지식인으로서 일제강점기라는 암흑기를 견뎌 내야 했다.

"한 점 부끄럼이 없기를" 이 구절에서 볼 수 있듯이, 윤동주 시인은 양심에 부끄럽지 않은 삶을 살겠다는 의지를 보였다. 아무리 지금 현실이 어둡고 힘들더라도, 모든 존재를 사랑하는 마음으로 시련의 삶을 이겨 내며 주어진 길을 헤쳐 나가겠다는 의지를 볼 수 있다.

윤동주 시인은 본인의 현실이 어둡더라도 숙명으로 받아들이고 순결성과 양심을 잃지 않았다. 아무리 윤동주 시인이라도 굳건한 마음을 지켜 나가기는 쉽지 않았을 것이다. 하지만 본인에게 부끄럽지 않은 삶을 살기 위해 그 의지를 다졌고 그런 삶을 살았다.

나 또한 뒤돌아보았을 때, 나 자신에게 부끄럽지 않은 인생을 살고 싶다. 그리고 어떠한 길이 주어졌든지 잘 헤쳐 나갈 것이다.

"*나한테 주어진 길을*
걸어가야겠다.

오늘 밤에도 별이 바람에 스치운다."

화는 비싼 사치이다

쏟은 물은 다시 닦을 수도 있지만 비록 그것 때문에 오늘 하루를 망치지는 말아야 한다.
화로 물들어 버린 오늘의 시간은 다시 돌아오지 않는다.
화를 내는 것만큼 쉬운 일도 없다.
매일매일 좋은 일만 있을 수는 없으니깐….

하지만 화를 낸다는 것은 하루뿐인 오늘을 화로 채우고 있고, 무엇보다 화를 내며 오늘 하루를 보내기에는 너무 아깝다.
화는 부메랑이다.
반드시 화낸 사람에게 다시 돌아오고 독이며 손해이다.

"화는 비싼 사치이다."

인간관계란?

　인간은 사회적인 동물이다. 살아가는 데 있어서 관계를 맺기도 하지만 또 어떠한 이유로 끊기기도 한다.
　세상에 영원한 것은 없다. 관계에 있어서도 마찬가지이다.
　그렇기에 가족을 제외하고는 평생 지속할 수 있는 인연은 없을 것 같다.

　지금은 나에게 너무 소중하고 좋은 친구이지만, 10년을 알고 지낸 친구와도 연락이 끊길 수 있는 법이다. 엄마께서는 나에게 "친구도 유행 같은 거야. 사는 곳이 바뀌고 직업이 바뀌면 친한 친구도 얼마든지 흐름 따라 변할 수 있어."라고 하셨다. 이 이야기를 듣고 납득이 되는 순간부터 멀어져 버린 친구에 대한 서운한 마음이 조금은 편해졌다.

　우리는 누구나 인간관계에서 갈등을 겪는다. 갈등 없이 지내는 것은 불가능하다.

서로서로가 다르기에 상처를 주는 것은 불가피하고, 필연적이다. 이 다름을 인정하는 것이 관계를 지속해 나가는 방법이라고 생각한다. 그 관계 사이에 생겨 버린 두터운 벽을 허물기란 쉽지 않겠지만, 서로 이해하고 배려하며 맞추어 나간다면 관계가 더 돈독해지지 않을까?

나의 신념

살아가는 데 있어서 내가 지키는 신념들 몇 가지가 있다.

우선
빚지고 살지 말 것.
받은 것이 있으면 돌려줘야 하는 것이 있어야 하는 것이 나의 첫 번째 철칙이다. 무언가를 받았을 경우에는 감사하는 마음으로 아낌없이 두 배, 세 배로 돌려주는 것이 나의 신념 중 하나이다.

이와 관련된 것으로, *바라는 것 없이 선행을 할 것.*
누군가에게 선행(선물을 주는 것도 포함)을 하는 것은 단순히 그 사람에 대한 나의 마음을 표시하거나 감사를 표시하기 위함이지, 다시 받기 위해 주는 것이 아니다.

나 자신을 숨기면서까지 남에게 맞춰 가면서 살지 말자.
이를 간단하게 설명하면, 거절하지 못해 나의 의사를 명확하게 표시하지 않고 끌려가는 경우를 말한다. 모든 것을 남에게 맞춰 주지

말자. 이는 못되게 살자는 의미가 아니다. 단호할 때는 단호하게, 조금은 이기적으로 나를 위하는 태도도 갖추자는 이야기이다.

우리는 다른 사람을 기준으로 타인의 기준에 맞춰 살아간다.

그러나 내 인생을 타인의 기준에 맞춰 살아가는 게 행복한 인생일까?

나 자신을 사랑하고 아끼며 충실하게 살아가는 데에도 오늘은 부족하다.

한 말은 꼭 지키자.

한 살 한 살 사람들을 만나면서 다양한 사람들을 만나는데, 착한 사람들도 만나고 그렇지만은 않은 사람들도 만난다. 모든 사람이 매 순간 선하지는 않다. 그렇지만 착한 것, 나쁜 것을 떠나서 본인이 한 말은 지킬 수 있는 사람이 되었으면 좋겠다. 예를 들면, "나랑 여기 제일 먼저 가자"와 같이 사소한 말이라도 그 가게를 지나가면 그 친구가 떠오르기 마련이다. 그런 말을 하고 다른 친구와 함께 간 사진을 보면 어쩔 수 없이 상처가 된다. 입장을 바꿔서 생각하면 얼마나 기분이 나쁘겠는가.

나의 길 걷기

남의 시선과 평판을 신경 쓰지 않으려 해도 어쩔 수 없이 신경 쓰이는 것은 사실이다.
자기 마음대로, 보고 싶은 대로 나를 보고 나의 높낮이를 설정하는 이들이 있다.

나를 좋아해 주고 나를 사랑하는 이들은 나에 대한 오해를 덮어주려 애쓸 것이고,
반대로 나와 결이 맞지 않는 어떻게든 나를 깎아내리려 할 것이다.
모든 미운 마음은 '시기와 질투'에서 시작된다고 한다.
내가 더 잘났으니깐 나는 그들의 평가를 신경 쓰지 않고 나의 길을 걸으려 한다.

영화 〈리틀 포레스트〉에서 친구들에게 따돌림당하는 딸에게 엄마가 해 준 말이다.

"너를 괴롭히는 애들이 제일로 바라는 게 뭔지 알아? 네가 속상해하는 거.

그러니까, 네가 안 속상해하면 복수 성공."

에필로그

인생을 살다 보면 불가피한 여러 종류의 슬픔과 마주한다.
피하려 해도 피할 수 없는 순간들은 찾아오기 마련이다.
그러나 슬픔에 시간을 빼앗겨 비탄에 빠져 울지 않을 것이다.
슬픔은 일시적인 아픔이지만, 비탄에 빠져드는 것은 지울 수 없는 실수다.

지금 이 순간이 매서운 바람이 부는 혹독한 추위의 겨울이라 해도 봄은 찾아온다.
겨울의 추위 속에서는 어떠한 마침표도 찍지 말자.
추위가 아무리 혹독할지라도 겨울은 곧 지나간다….

도움을 준 명언들

"어리석은 자는 멀리서 행복을 찾고, 현명한 자는 자신의 발치에서 행복을 키워 간다."

제임스 오펜하임

"The foolish man seeks happiness in the distance, the wise grows it under his feet."

James Oppenheim

"기쁨은 기도이다. 기쁨은 힘이다. 기쁨은 사랑이다.
기쁨은 영혼을 붙잡을 수 있는 사랑의 그물이다."

마더 테레사

"Joy is prayer, Joy is strength, Joy is love
Joy is a net of love by which you can catch souls."

Mother Teresa

"오늘을 붙잡아라. 철저하게 즐겨라. 다가오는 오늘을, 찾아오는 사람들을… 나는 과거가 있기에 현재에 감사할 수 있다고 생각한다. 공연히 미래를 걱정해서 현재를 조금이라도 망치고 싶진 않다."

오드리 햅번

"Pick the day. Enjoy it - to the hilt. The day as it comes. People as they come… The past, I think, has helped me appreciate the present - and I don't want to spoil any of it by fretting about the future."

Audrey Hepburn

"인생의 가장 큰 영광은 절대 쓰러지지 않는 것이 아니라 쓰러질 때마다 다시 일어나는 것에 있다."

공자

"Our greatest glory is not in never falling, but in rising every time we fall."

Confucius

"사랑받고 싶다면 사랑하라. 그리고 사랑스럽게 행동하라."

벤자민 프랭클린

"If you would be loved, love and be lovable."

Benjamin Franklin

10년 뒤 내가 나에게 쓰는 편지

Dear.
2023년의 수안이에게

수안아! 안녕?
 나는 35살의 너야 ╛
너가 10년 사이에 얼마나 성장했는지
알려주고 싶어서 이렇게 편지를 쓰게
됐어.
10년전 내가 쓴 글들을 보니까
나도 참 어렸었더라...!
작은 것에 상처 받고,
 걱정은 또 왜 그렇게 많았던지!!

그런데 이제 지나고 생각해보니
다 웃어넘길 수 있는 일들이더라.
뭐가 그렇게 두려웠는지 몰라~
내가 너에게 해주고 싶은 말은
세상에서 가장 최정상에 있는
선수들도 실수하고 넘어져.
그러니깐 너무 완벽하려 애쓰지마 ♥

항상 너의 곁에는 너를 믿어주는
좋은 사람들이 있잖아! ㅂ

그러니깐 너무 걱정말고 항상 행복하게
"화이팅"!!

From. 10년뒤
　　　수안이가.

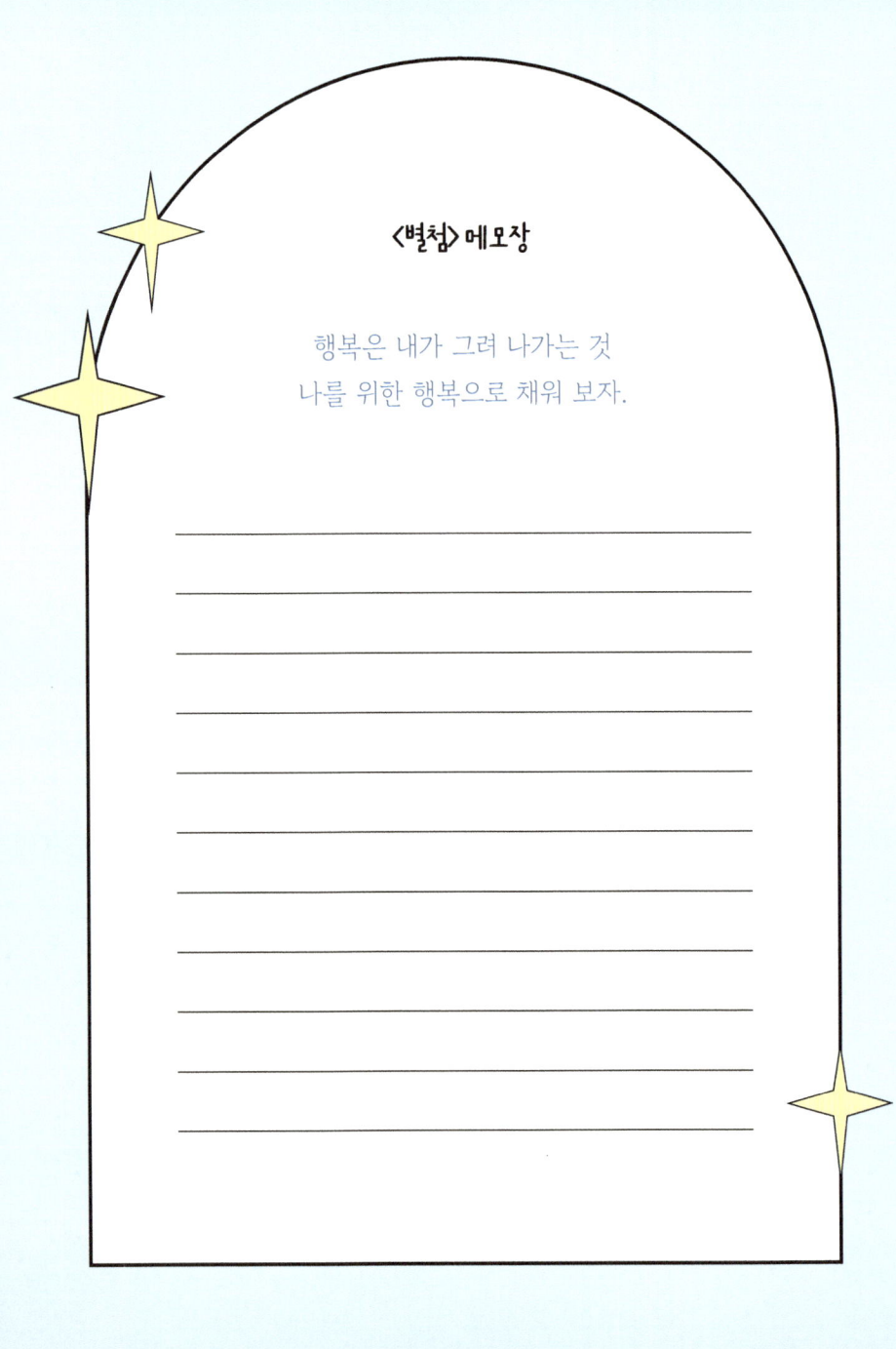

〈별첨〉 메모장

행복은 내가 그려 나가는 것
나를 위한 행복으로 채워 보자.

"세상의 주인공은 나라는 걸 잊지 말자."

"내 인생의 주인공이자 작가는 나야.
그 시나리오도 내가 쓰는 거야."

"나의 또 다른 이름은 행복."

"행복에는 정답이 없어."

사진 출처

픽셀서울
@pixel_seoul
@feelgraphy

꽃다은오늘

참고 저서

서은, 『미안해 사랑해 고마워』, 지식인하우스, 2015